BEI GRIN MACHT SICH IHR WISSEN BEZAHLT

AF137942

- Wir veröffentlichen Ihre Hausarbeit,
  Bachelor- und Masterarbeit

- Ihr eigenes eBook und Buch -
  weltweit in allen wichtigen Shops

- Verdienen Sie an jedem Verkauf

Jetzt bei www.GRIN.com hochladen und kostenlos publizieren

Beratung im Kontext Asyl und Flucht

Wie kann Beratung für Migrationsfamilien effektiv gestaltet werden?

Paula Böhm

Bibliografische Information der Deutschen Nationalbibliothek:

Die Deutsche Nationalbibliothek verzeichnet diese Publikation in der Deutschen Nationalbibliografie; detaillierte bibliografische Daten sind im Internet über http://dnb.d-nb.de abrufbar.

ISBN: 9783346384683
Dieses Buch ist auch als E-Book erhältlich.

© GRIN Publishing GmbH
Nymphenburger Straße 86
80636 München

Druck und Bindung: Books on Demand GmbH, Norderstedt Germany
Gedruckt auf säurefreiem Papier aus verantwortungsvollen Quellen

Das vorliegende Werk wurde sorgfältig erarbeitet. Dennoch übernehmen Autoren und Verlag für die Richtigkeit von Angaben, Hinweisen, Links und Ratschlägen sowie eventuelle Druckfehler keine Haftung.

Das Buch bei GRIN: https://www.grin.com/document/1004313

Beratung von Familien im Kontext Asyl und Flucht

Wie kann Beratung für Migrationsfamilien effektiv gestaltet werden?

Johann Wolfgang Goethe-Universität

Frankfurt am Main

Wintersemester 2019/2020

Seminar: Professionelles Handeln in Erziehungs-, Familien- und Jugendberatung – Methoden und Techniken

Inhaltsverzeichnis

1 Einleitung

In den Jahren 2015 und 2016 gab es kein Thema, das stärker in den Medien präsent war als die Flüchtlingskrise in Europa. Die massive Zunahme ein- und durchreisender Flüchtlinge und Migrant*innen führte zu vielen gesellschaftlichen Problemen. Die Asylbewerberanzahl im Jahr 2014 verdoppelte sich nahezu im Jahr 2015. Waren es 2014 noch 627.000 Asylbewerber*innen, zählte man im Jahr 2015 bereits 1,3 Millionen.[1] Vier Jahre später ist das Thema zwar in den Medien nicht mehr so präsent, dennoch ist die Lage - vor allem in den Einwanderungsländern - sehr angespannt.

Durch die steigenden Zahlen zeigt sich auch die Relevanz des Themas Migration in Bezug auf die Erziehungswissenschaften. Immer mehr Menschen mit Fluchterfahrungen und in Folge dessen auch häufig mit Traumatisierungen kommen in Deutschland an und benötigen Unterstützung. 40% der Beratungsstellen in Deutschland haben sich bereits konzeptionell auf die Beratung von Familien mit Migrationshintergrund eingestellt.[2]

Dabei wird deutlich, dass für Migrant*innen eine teilweise andere Beratung erforderlich ist und bestimmte Besonderheiten beachtet werden müssen, die so in einer allgemeinen Erziehungsberatung nicht vorkommen. Zum einen spielen die kulturellen Unterschiede eine Rolle, aber auch die Erfahrungen auf der Flucht oder im Herkunftsland. Mögliche Traumatisierungen während der Flucht oder bereits im Herkunftsland machen die Beratung von Flüchtlingen zu einer besonderen Herausforderung für die Berater*innen. Hierbei ist wichtig darauf zu schauen, wo genau die Unterschiede liegen und wie man sich als Berater*in verhalten kann, um die Beratung effektiv zu gestalten.

Bei der Beratung von Migrant*innen geht es im Vordergrund um die Inklusion der Geflüchteten und die Behandlung bestehender Probleme, aber auch um den Blick in die Zukunft und die Stärkung der vorhandenen Ressourcen.

Deutschland gilt zwar schon seit vielen Jahren als Einwanderungsland, trotzdem war die Flüchtlingssozialarbeit und damit auch die Beratung im Kontext Asyl und Flucht bis 2015 noch ein neues Gebiet. Dies hat sich bis heute geändert und die Flüchtlingssozialarbeit ist nicht mehr aus der fachlichen Debatte wegzudenken.[3]

Insgesamt lässt sich sagen, dass die Fluchtdebatte ein sehr konfliktreiches Thema ist, bei dem die Erziehungswissenschaften aber eine zentrale Rolle spielen. Vor allem der Bereich der Beratung von Migrant*innen ist immer noch neu für die Beratungsstellen. Dennoch ist es wichtig, sich auch auf die Beratung von Geflüchteten zu fokussieren, um ihnen die Chance zu bieten, ihr Leben im neuen Land gut zu gestalten und ein Teil der Gesellschaft zu werden.

---

[1] Vgl. Wikipedia-Autoren (31.08.2015): Flüchtlingskrise ab 2015; in: Wikipedia
URL: https://de.wikipedia.org/wiki/Fl%C3%BCchtlingskrise_in_Europa_ab_2015
Letzter Zugriff: 10.03.2020.
[2] Vgl. K. Menne, H. Schilling, S. Peter (2013): Erziehungsberatung der Zukunft; in: Informationen für Erziehungsberatungsstellen 2/13, Bundeskonferenz für Erziehungsberatung (bke), Fürth, S. 6.
[3] Vgl. J. Bröse, S. Faas, B. Stauber (2018): Flucht – Herausforderungen in der sozialen Arbeit. Springer Fachmedien Wiesbaden, S. VI.

2 Flucht und Asyl

Um genauer herauszufinden, warum die Beratung im Kontext Flucht und Asyl überhaupt besonderer Kompetenzen bedarf und worin sich die Beratung von Migrant*innen zu anderen Beratungen unterscheidet, sollte man einen Blick auf die Situation in den Herkunftsländern der Geflüchteten werfen und auf die Erfahrungen, die sie während der Flucht gemacht haben. Außerdem wichtig für die Besonderheiten der Beratung von Flüchtlingen sind die zu bewältigenden Lebensbedingungen und Hürden bei der Ankunft in Deutschland.

Die Migrant*innen waren meist über einen langen Zeitraum einer Situation ausgesetzt, die dazu führt, dass sie die Entscheidung treffen, aus ihrem Heimatland zu fliehen und die Familie zu verlassen. Die Aussichtslosigkeit der Situation im Herkunftsland wird deutlich, wenn man sich den Vorgang der Flucht und das Ankommen im neuen Land anschaut.

Die Überfahrt nach Europa ist so teuer, dass die meisten dafür ihr ganzes Erspartes ausgeben und trotzdem sterben viele bereits auf der Überfahrt nach Europa auf offener See.

2.1 Fluchtursachen

Ende 2018 waren circa 70,8 Millionen Menschen weltweit auf der Flucht.[4] Eindeutig lässt sich sagen: „Niemand flieht freiwillig!".[5] Die Flüchtlinge sehen darin meist ihre einzige Überlebenschance. Als Flüchtling bezeichnet man einen Menschen, der sein Land „aus Furcht vor Verfolgung wegen seiner Rasse, seiner Religion, Nationalität, Zugehörigkeit zu einer bestimmten sozialen Gruppe oder wegen seiner politischen Überzeugung"[6] verlässt.

Die Gründe für eine Flucht können sehr unterschiedlich sein, meist sind es jedoch Krieg und Gewalt im Herkunftsland, was die Menschen dazu bewegt, oft nach vielen Jahren die Entscheidung zu treffen, zu fliehen.

Es gibt jedoch noch weitere Gründe, weshalb Menschen fliehen. Dazu zählen laut Flüchtlingskonvention auch Menschenrechtsverletzungen aufgrund von Diskriminierung oder Verfolgung wegen ethnischer, religiöser oder geschlechtsspezifischer Gründe.

Als weiterer Fluchtgrund gilt die unzureichende Versorgung mit Lebensmitteln, was oftmals auch die Folge von Krieg ist. Nach völkerrechtlicher Definition in der Flüchtlingskonvention ist dies jedoch kein anerkannter Fluchtgrund.

Auch der aktuelle Klimawandel und die daraus entstehenden Naturkatastrophen, welche in den kommenden Jahren noch deutlich zunehmen werden, können zur Flucht führen.[7] Denn „der

---

[4] Vgl. UNO-Flüchtlingshilfe (2020), Fluchtursachen
URL: https://www.uno-fluechtlingshilfe.de/informieren/fluchtursachen/
Letzter Zugriff: 19.03.2020.
[5] UNO-Flüchtlingshilfe (2018), Flüchtlinge weltweit – Global Trends
URL: https://www.uno-fluechtlingshilfe.de/informieren/fluechtlingszahlen/
Letzter Zugriff: 19.03.2020.
[6] Vgl. Der Hohe Flüchtlingskommissar der Vereinten Nationen (UNHCR), Amt des Vertreters in der Bundesrepublik Deutschland (Februar 2015); Artikel 1 in: Genfer Flüchtlingskonvention
URL: https://www.unhcr.org/dach/wp-content/uploads/sites/27/2017/03/GFK_Pocket_2015_RZ_final_ansicht.pdf
Letzter Zugriff: 19.03.2020.
[7] Vgl. UNO-Flüchtlingshilfe (2020), Fluchtursachen

Klimawandel verstärkt den Wettstreit um die Ressourcen – Wasser, Nahrungsmittel, Weideland – und daraus können sich Konflikte entwickeln."[8] Auch dies gilt nicht als anerkannter Grund, um aus seinem Herkunftsland zu fliehen.

2.2 Fluchterfahrungen

Die Berichte über Fluchterfahrungen in den Medien und in Büchern zeigen die Verzweiflung der Menschen sehr deutlich. Für Menschen, die sich für eine Flucht entscheiden, ist oftmals klar, dass sie damit ihr Leben riskieren. Dennoch wird die Flucht als einziger Ausweg gesehen.

Zu den traumatisierenden Erinnerungen an das Heimatland, das Verlassen der eigenen Familie und des ganzen bisherigen Lebens kommt dann noch die traumatisierende Flucht meist über den Seeweg. Derzeit gibt es kaum noch legale und sichere Fluchtwege. Die Menschen riskieren somit auf der Flucht ihr Leben. Jedes Jahr sterben mehrere tausend Männer, Frauen und Kinder auf der Flucht[9] Hierbei entstehen bei den Geflüchteten unterschiedlich starke und oftmals behandlungsbedürftige Traumatisierungen.

Ein eindrückliches Beispiel hierfür ist das Buch einer jungen Frau namens Doaa. Sie lebte in Syrien und ging noch zur Schule, doch die Lage in Syrien spitzte sich immer weiter zu. Zusammen mit ihrer Familie floh sie nach Ägypten. Dort waren sie nach Ende der Regierung der Muslimbrüderschaft als Flüchtling aus Syrien nicht mehr erwünscht. Doaa beschloss, mit ihrem Verlobten Bassem nach Europa zu fliehen. Sie gaben ihr ganzes Angespartes für die Flucht aus. Mit 500 anderen Flüchtlingen wagten sie die Fahrt über das Mittelmeer in einem viel zu kleinen, alten Boot. Kurz vor der Ankunft in Griechenland kenterte das Flüchtlingsboot bei einem Angriff von Piraten und Doaa musste mit ansehen, wie hunderte von Menschen in den Wellen versanken oder von den Schiffsschrauben zerfetzt wurden. Auch ihr Verlobter schaffte es leider nicht nach Europa. Umgeben von Leichen trieb sie 4 Tage auf dem Meer und überlebte. Heute lebt sie in Schweden.[10]

Mit dieser Geschichte von Doaa wird deutlich, dass bei der Flucht das vorherige Leben aufgegeben wird und ein neues Leben in Unsicherheit beginnt. Um das neue Leben zu beginnen, muss dann erst einmal die Hürde der Flucht überwunden werden. Wenn die Flucht überlebt wurde, wird es den meisten Geflüchteten im neuen Land auch alles andere als leicht gemacht.

URL: https://www.uno-fluechtlingshilfe.de/informieren/fluchtursachen/ Letzter Zugriff: 19.03.2020.
[8] Antonio Guterres (2009) auf dem Weltklimagipfel 2009 in Kopenhagen
URL: https://www.uno-fluechtlingshilfe.de/informieren/fluchtursachen/
Letzter Zugriff: 19.03.2020.
[9] Vgl. Wikipedia-Autoren (20.04.2015): Flucht und Migration über das Mittelmeer in die EU, in: Wikipedia
URL: https://de.wikipedia.org/wiki/Flucht_und_Migration_über_das_Mittelmeer_in_die_EU
Letzter Zugriff: 19.03.2020.
[10] Vgl. Melissa Flemming (01.03.2017): Doaa - Meine Hoffnung trug mich über das Meer: Ein außergewöhnliches Schicksal, erzählt von der langjährigen Sprecherin der UN-Flüchtlingshilfe Melissa Fleming (deutsch); Droemer Knaur GmBH&Co. KG, München.

2.3 Leben als Geflüchteter in Deutschland

Wenn die Flucht überstanden ist und die Menschen in Europa und im weiteren Verlauf in Deutschland angekommen sind, müsste man meinen, dass sie das Schlimmste überwunden haben. Die Geflohenen sind auch sehr froh, in Deutschland angekommen zu sein, es gibt Unterkünfte, fließend Wasser und Essen. Doch auch hier sind die Lebensbedingungen alles andere als gut. Oftmals müssen sie unter „prekären finanziellen und hygienischen Bedingungen"[11] jahrelang geduldet warten, denn es können mehrere Monate vergehen bis zur Erstanhörung beim „Bundesamt für Migration und Flucht" (BAMF), wo dann entschieden wird, ob der Flüchtling in Deutschland Asyl erhält oder nicht.[12] Diese lange Zeit der Ungewissheit und Angst, die Probleme bei der Suche einer Unterkunft, Probleme bei den Behörden und viele weitere Fragen machen es den Migrant*innen nicht leicht, in ihrem neuen Leben anzukommen.

Hinzu kommt, dass sie mit vielen Vorurteilen zu kämpfen haben. Schlimme Taten, vor denen sie geflohen sind, werden jetzt den Flüchtlingen zugewiesen, wodurch es zu einer Täter-Opfer Paradoxie kommt.[13] Die Migrant*innen erfahren Ausgrenzungen, Etikettierungen und Stigmatisierungen.

Ein weiteres Problem sind die Zustände in den Flüchtlingsunterkünften, in denen sie mit vielen anderen Geflüchteten auf engstem Raum zusammenleben, so dass kein Platz für Privatsphäre bleibt. Hinzu kommt die Angst vor möglichen Übergriffen, denn die Straftaten gegen Asylunterkünfte sind in den letzten Jahren deutlich gestiegen. Im Jahr 2015 gab es mehr als 700 Übergriffe, 2016 waren es sogar 988.[14] Somit kann das Gefühl von Sicherheit nicht gewährleistet werden, was jedoch wichtig wäre für die Verarbeitung traumatisierender Erlebnisse in der Vergangenheit.

Alle Erfahrungen, die die Geflüchteten in der ersten Zeit im neuen Land machen, führen meist nicht dazu, dass bestehende Traumata verarbeitet werden können und sich dadurch bessern. Oft stellt sich eine Besserung erst dann ein, wenn der Asylantrag genehmigt ist, die erste eigene Wohnung bezogen werden kann und Arbeit gefunden wurde.

3 Interkulturelle Beratung von Migrant*innen

Viele allgemeine Vorgehensweisen und Methoden der interkulturellen Beratung von Migrant*innen decken sich mit denen aus der Erziehungsberatung. Jedoch gibt es einige Besonderheiten zu beachten aufgrund der psychischen Situation der Ratsuchenden, kultureller Differenzen zwischen Berater*in und Ratsuchenden, möglicher Sprachbarrieren und einiger

---

[11] Vgl. J. Bröse, S. Faas, B. Stauber (2018): Therapie und Beratung im Kontext Flucht und Trauma; in: Flucht – Herausforderungen in der sozialen Arbeit. Springer Fachmedien Wiesbaden, S.178.
[12] Ebd.
[13] Bundesweite Arbeitsgemeinschaft Psychosozialer Zentren für Flüchtlinge und Folteropfer; Täter-Opfer-Umkehr in der Reaktion auf Gewalt gegen Flüchtlinge in Clausnitz
URL: http://www.baff-zentren.org/news/taeter-opfer-umkehr-in-clausnitz/
Letzter Zugriff: 19.03.2020.
[14] Vgl. J. Bröse, S. Faas, B. Stauber (2018): Flucht – Herausforderungen in der sozialen Arbeit, S. VII.

weiterer Herausforderungen, weshalb sich die Beratung im Kontext Asyl und Flucht von einer „normalen" Erziehungsberatung unterscheidet.

Die Berater*innen müssen sich die Frage stellen, wie im Rahmen der Erziehungsberatung die Unterstützung von Kindern, Jugendlichen und Eltern, die auf der Flucht in Deutschland angekommen sind, gestaltet werden kann und unter welchen Rahmenbedingungen die Beratung Erfolg haben kann.[15]

Der notwendige interkulturelle Ansatz beginnt bereits bei der Kontaktaufnahme. Der Kontakt kommt meist zustande durch vertraute Dritte und vertieft sich, wenn die Beratungsfachkräfte bereit sind, in die Welt des Flüchtlings einzutreten und sich intensiv damit zu beschäftigen.

Wichtig bei der Beratung ist es, auf die Flüchtlinge zuzugehen und sie auf unterschiedlichen Ebenen abzuholen, beispielsweise durch Besuche zu Hause, durch muttersprachliche Sprachmittler und durch das nötige Verständnis der Geflüchteten.[16]

In der Ankunftsphase ist für die Migrant*innen das Leben in Deutschland völlig neu, es entstehen zahlreiche Fragen, die meist auch dann noch unbeantwortet geblieben sind, wenn sie schon eine Weile in Deutschland leben. Beratungsstellen haben die Aufgabe, sich diesen Fragen und Probleme anzunehmen und sie so gut es geht zu beantworten.

Die Themen können in der Beratung von Geflüchteten unterschiedlich sein, beispielsweise rechtliche Fragen zum Aufenthalt, Fragen zur Schulausbildung oder berufliche Fragen.[17]

Auch die Aufgabenbereiche in der Beratung können unterschiedlich sein, es reicht von der Stabilisierung nach der Trennung von der Familie bis zur Vorbereitung auf die Erstanhörung beim Bundesamt.[18]

Bisher ist der Bedarf an Beratungsstellen leider immer noch deutlich höher als das Angebot. Es gibt immer noch zu wenige Beratungsstellen, da die Unterstützungsangebote der Komplexität des ganzen Spektrums gerecht werden sollen, was eine starke Einstellung auf die Zielgruppe voraussetzt.

3.1 Was ist Erziehungsberatung?

Um zu sehen, wo die Besonderheiten in der Beratung im Kontext Asyl und Flucht liegen, wird hier allgemein auf die Erziehungsberatung eingegangen, um einen Überblick zu verschaffen, was die Erziehungsberatung überhaupt beinhaltet.

Die Angebote der Erziehungsberatungsstellen sind für alle Kinder, Jugendlichen und Erwachsenen unabhängig von ihrer Herkunft und dem Aufenthaltsstatus.[19] Vor allem

---

[15] Vgl. S. Naudiet, H. Schilling, S. Peter (2016): Kindern, Jugendlichen und Eltern eine Perspektive geben: Aspekte der Beratung von Familien im Kontext Flucht und Asyl; in: Informationen für Erziehungsberatungsstellen 2/16, Bundeskonferenz für Erziehungsberatung (bke), Fürth, S. 23.
[16] Vgl. Ebd.
[17] Vgl. Bundesamt für Migration und Flucht (02/2014): Lassen Sie sich beraten! Beratungsangebote für Zuwanderinnen und Zuwanderer; Bonifatius GmbH, Druck-Buch-Verlag, Paderborn.
[18] Vgl. J. Bröse, S. Faas, B. Stauber (2018): Therapie und Beratung im Kontext Flucht und Trauma; in: Flucht – Herausforderungen in der sozialen Arbeit, S.173.
[19] S. Naudiet, H. Schilling, S. Peter (2016), Kindern, Jugendlichen und Eltern eine Perspektive geben: Aspekte der Beratung von Familien im Kontext Flucht und Asyl, S. 23.

berücksichtigt werden benachteiligte Kinder, Jugendliche und Familien. Dazu zählen unter anderem auch Migrantenfamilien und unbegleitete minderjährige Flüchtlinge.

Die Probleme, mit denen Menschen Erziehungsberatungsstellen aufsuchen, können ganz unterschiedlich sein. Es kann sich um Erziehungsfragen handeln, aber auch bei persönlichen und familienbezogenen Problemen kann man sich an eine Beratungsstelle wenden, z.b. bei Essstörungen, Trennungen oder Entwicklungsverzögerungen. Aufgabe der Beratungsstelle ist es, zusammen mit den Ratsuchenden die Probleme zu verstehen, zu klären und mögliche Lösungsansätze zu finden.[20]

Die Entstehung dieser Probleme, mit denen eine Beratungsstelle aufgesucht wird, kann ganz verschiedene Ursachen haben, die in der Beratung herausgefunden werden sollen. Dabei kann es sich etwa um die Arbeitslosigkeit der Eltern handeln, die zu Problemen in der Familie führt oder um Probleme des Kindes in der Schule.

Der Ablauf einer Erziehungsberatung ist auch nie identisch, denn die Arbeit erfolgt einzelfallbezogen, das heißt je nach Problemlage wird gehandelt und beraten. Zu Beginn findet meist ein Erstgespräch statt, in dem der oder die Ratsuchende und der Berater oder die Beraterin sich kennen lernen, die Probleme des Ratsuchenden ermittelt werden und der Berater oder die Beraterin versucht, die Schwierigkeiten zu verstehen.

Wichtige Punkte sind außerdem, dass die Berater*innen der Schweigepflicht unterliegen, was das vertrauensvolle Verhältnis stärkt und dass die Beratung kostenlos ist, denn Eltern haben einen Rechtsanspruch auf Erziehungsberatung ebenso wie schwer traumatisierte Menschen das Recht auf eine angemessene Versorgung im Bereich der Beratung und Psychotherapie haben.[21]

3.2 Begriff „Interkulturalität"

Um zu verstehen, was es überhaupt bedeutet, interkulturell zu beraten, kann man sich eine Definition des Wortes „Interkulturalität" anschauen.

Als Interkulturalität wird beschrieben der „gegenseitige[r] Prozess des Austauschs, der Interaktion, der Verständigung, der Interpretation, der Konstruktion, aber auch der Überraschung und der Irritation, ebenso der Selbstvergewisserung, der Deformation, der Erweiterung und des Wandels, der dann relevant wird, wenn Kulturen auf der Ebene von Gruppen, Individuen und Symbolen in Kontakt miteinander kommen und nicht über dieselben Wertorientierungen, Bedeutungssysteme und Wissensbestände verfügen."[22]

Hier wird deutlich, dass der Begriff sich weiter erstreckt als nur auf das Verhältnis zwischen Migrant*innen und Deutschen. Erst bei der Überschneidung der eigenen Kultur mit einer

---

[20] Bundeskonferenz für Erziehungsberatung: Was ist Erziehungsberatung?
URL: https://www.bke.de
Letzter Zugriff: 19.03.2020.
[21] Vgl. Ebd.
[22] C. Barmeyer (2011): Interkulturalität. In: Barmeyer, C./Genkova, P./Scheffer, J. (Hg.): Interkulturelle Kommunikation und Kulturwissenschaft. Grundbegriffe, Wissenschaftsdisziplinen, Kulturräume. Passau, Stutz, 37–77; zitiert nach C. Barmeyer (2012): Interkulturalität. In: Taschenlexikon Interkulturalität, Vandenhoeck & Ruprecht, Göttingen, S. 81.

„fremden" Kultur kommt es zu einer kulturellen Überschneidungssituation, wodurch Interkulturalität entsteht. Bestehende Verhaltensmuster können jetzt abweichen, es bilden sich situativ neue Verhaltensweisen für die interkulturelle Interaktion heraus. Oftmals geht das mit dem Gefühl der Unsicherheit und Bedrohung einher, weil es sich um eine neue Situation handelt.[23]

Durch die Vielfältigkeit des Begriffes ist er mit einer großen Anzahl pädagogischer Konzepte, Modelle und Begriffe verknüpft.

Interkulturelle Pädagogik geht von der Differenz verschiedener Menschen und Kulturen aus und hat als Ziel die Anerkennung und den Erhalt kultureller Identität, was auch für die interkulturelle Beratung essenziell ist. Auch die Sprachbarrieren finden in der interkulturellen Pädagogik Anerkennung und es wird viel mit Sprachmittlern gearbeitet.

Allgemein lässt sich sagen, dass das Ziel der interkulturellen Pädagogik und somit auch der interkulturellen Beratung ist, dass eine Toleranz und Anerkennung von ethnisch codierter Differenz vorhanden ist und alle Menschen gleichwertig behandelt werden. Gleichzeitig ist das Konzept der Interkulturellen Pädagogik auch sehr umstritten und es gibt viel Kritik an diesem Konzept.

3.3 Kompetenzprofil der Beratenden

In der interkulturellen Beratung gibt es einige Schlüsselqualifikationen, die wichtig sind, um angemessen und effektiv beraten zu können. Die interkulturelle Kompetenz bietet eine gute Grundlage, um mit Flüchtlingsfamilien mit Beratungsbedarf arbeiten zu können.[24]

Schon vor einigen Jahren gab es verschiedene Definitionen zu der interkulturellen Kompetenz, was zeigt, dass diese nicht eindeutig definierbar ist.

„Das Individuum , welches effektiv in anderskulturellen Kontexten handeln möchte und dadurch interkulturell lernt bzw. handeln kann, sollte (1) interaktionsfreudig und (2) flexibel sein sowie (3) Selbstsicherheit, (4) eigenkulturelle Bewusstheit und (5) Stresstoleranz besitzen, auch (6) Widersprüche ertragen können und in der Lage sein, sich in sein/ihr Gegenüber hineinzuversetzen, also (7) empathisch sein".[25] Diese Definition zeigt, dass sich interkulturelle Kompetenz aus mehreren Kompetenzen zusammensetzt. In der Definition werden bereits sieben Schlüsselqualifikationen genannt, die für die Arbeit mit verschiedenen Kulturen wichtig sind, was aber sicher noch nicht alle sind.

„Interkulturell kompetente Menschen kennen typisierte Bilder verschiedener Bevölkerungsgruppen.[26] Sie reflektieren sich und ihr kulturelles Bewusstsein ständig und lernen

---

[23] C. Barmeyer (2012): Interkulturalität. In: Taschenlexikon Interkulturalität; Vandenhoeck & Ruprecht, Göttingen, S.81f.
[24] Vgl. S. Naudiet, H. Schilling, S. Peter (2016): Kindern, Jugendlichen und Eltern eine Perspektive geben: Aspekte der Beratung von Familien im Kontext Flucht und Asyl, S. 24.
[25] Delkeskamp, Juliane (1991): Die Simulation als Medium zum Interkulturellen Lernen. In: Nestvogel, Renate (Hg.): Interkulturelles Lernen oder verdeckte Dominanz? Hinterfragung „unseres" Verhältnisses zur „Dritten Welt". Frankfurt am Main, S.143; zitiert nach Anne-Christin Schondelmayer (2010); Glossar Interkulturelle Pädagogik; Berlin.
[26] Kalpaka, Annita (1998): Kompetentes (sozial-)pädagogisches Handeln in der Einwanderungsgesellschaft. Anforderungen an Aus- und Fortbildung. In: Paritätisches Bildungswerk, LV Bremen (Hg.): Interkulturelle Kompetenz als

durch eigene Erfahrungen dazu. Situationen werden offen betrachtet, um eine Kultur der Gleichberechtigung zu erhalten.[27] Diese Definition geht deutlich mehr darauf ein, wie wichtig es ist, seine eigene Kultur zu kennen, ein Bewusstsein für die eigene Kultur zu haben und sich häufig zu reflektieren, um mögliche eigene Vorurteile zu sehen und gegen diese und die Stigmatisierung arbeiten zu können. Hier wird deutlich, dass in der interkulturellen Beratung nicht nur der oder die Ratsuchende an sich arbeiten muss, sondern auch die Berater*innen, die außerdem Neuem gegenüber offen sein sollten.

Wichtig hierbei ist auch, dass nicht nur die beratende Person über diese Kompetenzen verfügt. Auch das Team und der Träger der Beratungsstelle müssen offen dafür sein, interkulturell zu arbeiten.

Sicherlich sind diese Kompetenzen auch essenziell in der Erziehungsberatung von Kindern, Jugendlichen und Familien ohne Migrationshintergrund, jedoch haben sie in der Beratung von Migrant*innen noch einmal einen höheren Stellenwert, da somit meist überhaupt erst ein Zugang zu den Personen gefunden wird.

Im Folgenden werden noch einmal einzelne Schlüsselkriterien aufgegriffen und einzeln erläutert, diese können jedoch auch von Fall zu Fall eine unterschiedliche Wichtigkeit haben.

Eine der wichtigsten Schlüsselkriterien ist das Selbstbewusstsein und die Authentizität gegenüber den Ratsuchenden. Der Berater oder die Beraterin ist sich seiner eigenen Herkunft bewusst und kann seine eigene Position authentisch und prägnant vertreten.

Als weitere wichtige Kompetenzen kann man Neugierde und Offenheit nennen, denn die Berater*innen müssen sich in einem neuen Feld auch neue Methoden aneignen und schauen, wie sie ihre alten Methoden neu anpassen können. Diesem „Fremden" sollte die Fachkraft aufgeschlossen gegenüberstehen sowie bereit sein, ihren Horizont zu erweitern.

Auch die Sprachbarrieren sind neu für den Berater oder die Beraterin, was oftmals mit einem erhöhten Zeitaufwand und Schwierigkeiten bei der Verständigung einhergeht. Hierfür muss man als Berater*in offen sein und den Ratsuchenden die nötige Geduld entgegenbringen.

Wichtig sind Anerkennung, Wertschätzung und Respekt gegenüber den Ratsuchenden. Deren Vorstellungen, die oftmals anders sein können als die Eigenen, sollen ernst genommen und die Klient*innen gleichwertig behandelt werden.

Auch emotionale Kompetenzen haben einen hohen Stellenwert in der interkulturellen Beratung. Ein angemessener Umgang mit eigenen Gefühlen und Gefühlen des Gegenübers muss gewährt werden, denn die Geschichten, die die Ratsuchenden erlebt haben, sind oftmals nicht einfach und erfordern eine emotionale Stabilität von Seiten der Berater*innen.

Neben emotionalen sind auch kognitive Kompetenzen sehr wichtig. Eine gute Selbstreflexion, die Analyse- und Synthesefähigkeit und das kritische Hinterfragen von Vorurteilen sind wichtiger Bestandteil der interkulturellen Beratung.

Anforderungsprofil für pädagogische und soziale Arbeit. Bremen, S.29; zitiert nach Anne-Christin Schondelmayer (2010); Glossar Interkulturelle Pädagogik; Berlin.
[27]Lange, Matthias / Weber- Becker, Martin (1997): Rassismus Antirassismus und interkulturelle Kompetenz. Göttingen; S.241; zitiert nach Anne-Christin Schondelmayer (2010); Glossar Interkulturelle Pädagogik; Berlin.

Die Kompetenz der Rollenübernahmefähigkeit kann es dem Berater oder der Beraterin auch erleichtern, sich in die Situation des Ratsuchenden zu versetzen und seine Position besser nachzuvollziehen, was dazu führt, dass generell mehr Empathie gegenüber dem Ratsuchenden aufgebracht werden kann.[28]

Der oder die Beratende muss diese Kompetenzen meist erst erwerben oder bereits vorhandene Kompetenzen erweitern, wofür es unterschiedliche Wege gibt. Eine Möglichkeit besteht darin, sich Hintergrundwissen anzueignen zu den Themen Asyl und Flucht oder aber durch Supervision und migrations- und kultursensible Fallbesprechung im Team.

Die Verbesserung der Kompetenzen ist am Ende nicht nur hilfreich und wichtig für die Arbeit im Kontext Asyl und Flucht, sondern ist generell für die beratende Tätigkeit von Vorteil.[29]

3.4 Methoden und Techniken

Wie man bereits bei den Kompetenzen der Beratenden gesehen hat, gibt es einige Besonderheiten in der Beratung im Kontext Asyl und Flucht. Auch bei den Methoden und Techniken gibt es einiges zu beachten. Wichtig ist hierbei vor allem, dass Hinweise auf Traumata in das diagnostische Gesamtbild integriert werden müssen und eine kultursensible Therapie und Beratung beachtet wird.

In der Beratung können auch außergewöhnliche Methoden ausprobiert werden, die so in einer Erziehungsberatung normalerweise nicht vorkommen, beispielsweise die Einbeziehung der Familie im Heimatland über Skype. Die Erprobung neuer Methoden erfordert von den Beratenden eine große Bereitschaft, bekannte Grenzen zu überschreiten und kreative, neue und nicht vertraute Lösungsansätze auszuprobieren.

Genauso können aber auch altbekannte Methoden angewendet werden, wobei es hier oftmals erforderlich ist, diese an das neue Feld anzupassen, zu variieren und auszuprobieren, ob sie im neuen Kontext Sinn machen. Diskriminierend erscheinende, Belastungen verstärkende oder nicht nachvollziehbare Interventionen sollen verändert oder aus dem Methodenspektrum herausgenommen werden.

„Die Arbeit der Beratungsstellen gewinnt für die Familien an Bedeutung, wenn diese langfristig oder dauerhaft bleiben."[30] Die Beratungsstelle dient meist erst nach der ersten Phase des Ankommens als stabile und kontinuierliche Stütze für die Familie. Denn in den weiteren Phasen stehen viele Institutionen, die zu Beginn zur Verfügung standen, nicht mehr zur Verfügung.

Im Vordergrund der Arbeit soll das Wiedererkennen der eigenen Ressourcen der Ratsuchenden stehen, früheres Können soll in die aktuelle Lage einbezogen werden. Somit kann es dann auch

---

[28]Vgl. S. Naudiet, H. Schilling, S. Peter (2016): Kindern, Jugendlichen und Eltern eine Perspektive geben: Aspekte der Beratung von Familien im Kontext Flucht und Asyl, S. 24f.
[29] Vgl. S. Naudiet, H. Schilling, S. Peter (2016): Kindern, Jugendlichen und Eltern eine Perspektive geben: Aspekte der Beratung von Familien im Kontext Flucht und Asyl, S. 25.
[30] Ebd., S. 26.

gelingen, den alten Beruf wieder aufzunehmen oder durch Hobbies wieder soziale Kontakte zu knüpfen.[31]

3.4.1 Netzwerkarbeit und Kooperationen

Um Flüchtlingsfamilien die nötige Hilfe zu bieten, nämlich eine Unterstützung in vielen Lebensbereichen, ist die Zusammenarbeit verschiedener Akteure zum Austausch von Informationen und Dienstleistungen essenziell. Ziel ist es hierbei, die eigenen Ressourcen zu ergänzen und die Qualität der angebotenen Leistungen zu steigern. Angebotslücken können somit besser identifiziert und Maßnahmen ergriffen werden, um diese Lücken zu schließen.[32]

Die Bedürfnisse der Ratsuchenden setzen sich aus vielen verschiedenen Bereichen zusammen. Sie müssen sich im neuen Land zurechtfinden, haben eventuell Schwierigkeiten, den neuen Alltag zu meistern. Hinzu kommen Fragen zur asylrechtlichen Situation oder zum Wiedereinstieg in den Beruf. Ein*e Berater*in allein kann sich diesem Spektrum an Problemen nicht widmen. Deshalb ist es wichtig, ein Netzwerk aus verschiedenen Akteuren aufzubauen und mit diesen zu kooperieren, um möglichst viele Bereiche abzudecken.

Relevante Akteure in der Kooperations- und Netzwerkarbeit können Ausländerbehörden, Agenturen für Arbeit, Integrationskursträger, Ärzte, Schulen, Kindergärten, Jugend- und Sozialämter, Jugendhilfeträger, Fachberatungsstellen und noch weitere sein.

Bei dieser Anzahl von Netzwerkpartnern wird deutlich, wie wichtig die Netzwerkarbeit für die Beratung von Migrationsfamilien ist.[33]

3.4.2 Prävention

„Präventive Angebote setzen voraus, dass die Bedarfslage von Zielgruppen rechtzeitig erkannt wird."[34] Da Beratungsstellen nicht nur allein arbeiten, sondern wie bereits erwähnt oftmals über ein Kooperationsnetzwerk verfügen, muss hier geklärt werden, welche Präventivmaßnahmen von den Beratungsstellen ausgeführt werden und welcher Bedarf vorliegt.

Ziel ist es, durch präventive Arbeit die Ressourcen der Ratsuchenden, aber auch der Berater*innen zu stärken und Chronifizierungen vorzubeugen.

Im Kontext Flucht und Asyl müssen die Berater*innen besonders sensibel darauf achten, welche Präventivmaßnahmen in welcher Phase des Ankommens angemessen sind. Maßnahmen können auch hier ganz unterschiedlich aussehen, das können Informationen über das Schul- und

---

[31] Vgl. J. Bröse, S. Faas, B. Stauber (2018): Therapie und Beratung im Kontext Flucht und Trauma; in: Flucht – Herausforderungen in der sozialen Arbeit, S.188.

[32] Bundesamt für Migration (15.07.2013); Handlungsempfehlungen der Migrationsberatung für erwachsene Zuwanderer (MBE) und der Jugendmigrationsdienste (JMD) für die gemeinsame Arbeit mit Familien; S.15.

[33] Ebd.

[34] S. Naudiet, H. Schilling, S. Peter (2016): Kindern, Jugendlichen und Eltern eine Perspektive geben: Aspekte der Beratung von Familien im Kontext Flucht und Asyl, S. 25.

Bildungssystem sein oder auch Kurse zur Stärkung elterlicher Kompetenzen.[35] Die Ratsuchenden müssen sich mit vielen neuen Erziehungsvorstellungen auseinandersetzen, weshalb ihnen Raum gegeben werden sollte, um sich mit den Unterschieden zu eigenen Vorstellungen auseinanderzusetzen und einen Abgleich tätigen zu können. Denn es gibt Erziehungsprinzipien in Deutschland, die nicht verhandelbar sind, dazu zählen die Gewaltfreiheit, die Gleichberechtigung und die Selbstbestimmung. Das kann in den Herkunftsländern anders gewesen sein, weshalb die Auseinandersetzung damit so wichtig ist, um spätere Probleme zu vermeiden.

Mögliche erste Kontakte entstehen häufig in Müttercafés, Teestuben oder bei Kinderbetreuungsangeboten, da hier die Hemmschwelle für die Ratsuchenden geringer ist als bei einer speziellen Einzelberatung.

Wichtige Themen und Inhalte der präventiven Arbeit können bestimmte Herausforderungen in der aktuellen Phase des Ankommens sein, Auseinandersetzungen mit dem Asylverfahren oder belastende Erinnerungen an die Flucht oder das Herkunftsland.[36] Aber auch die Prävention möglicher sexueller Übergriffe, vor allem auf Mädchen und Frauen, spielt eine wichtige Rolle auch in Bezug auf die Unterbringung.

3.5 Einsatz von Sprache

Die Arbeit mit Kindern, Jugendlichen und Familien mit Migrationshintergrund erfordert in der Anfangsphase meist die Arbeit mit Sprachmittler*innen. Hierbei ist es wichtig, den Sprachmittler gut auszuwählen, denn man muss für diese Tätigkeit ausreichend qualifiziert sein.

Einige Punkte müssen besonders beachtet werden wie der religiöse und kulturelle Hintergrund der Sprachmittler, denn eine Glaubensrichtung, die von der Weltanschauung der ratsuchenden Familie abweicht, kann negative Auswirkungen auf die Übersetzung und Verständigung haben.[37]

Außerdem wichtig sind eine regelmäßige Vor- und Nachbereitung des Beraters oder der Beraterin mit dem Sprachmittler, um auf ein gemeinsames Ziel hinzuarbeiten.

Die Aufgabe der Beratenden besteht darin, ein klares Beratungssetting zu schaffen, in dem den Ratsuchenden bewusst ist, welche Aufgabe der Berater oder die Beraterin übernehmen und welche der Sprachmittler. Auf jeden Fall vermieden werden sollte, dass man als Sprachmittler eine vertrauensvollere Beziehung zu dem Ratsuchenden aufbaut als der Beratende. Berater*innen und Sprachmittler sollen nicht in Konkurrenz zueinanderstehen, sondern gemeinsam ein Ziel anstreben.[38] Oberste Priorität ist die Vertraulichkeit und das Schutzbedürfnis

---

[35] Vgl. Ebd.
[36] Vgl. S. Naudiet, H. Schilling, S. Peter: Wirksamkeit für geflüchtete Kinder, Jugendliche und Eltern entfalten; in: Informationen für Erziehungsberatungsstellen 1/17, Bundeskonferenz für Erziehungsberatung (bke), Fürth, S.4f.
[37] S. Naudiet, H. Schilling, S. Peter (2016): Kindern, Jugendlichen und Eltern eine Perspektive geben: Aspekte der Beratung von Familien im Kontext Flucht und Asyl, S. 26.
[38] Vgl. J. Bröse, S. Faas, B. Stauber (2018): Therapie und Beratung im Kontext Flucht und Trauma; in: Flucht – Herausforderungen in der sozialen Arbeit, S.184.

des Ratsuchenden. Wenn die Ratsuchenden nicht mit dem Sprachmittler klarkommen, muss auch dies akzeptiert und nach einer Lösung gesucht werden.

Die Voraussetzungen für die Arbeit als Sprachmittler sind oftmals verschieden, vom Bundesamt für Migration und Flucht gibt es aber allgemeine Qualifikationen, die man als Sprachmittler erfüllen muss, um diese Tätigkeit auszuüben. Dazu zählen die Sprachsicherheit in Schrift und Sprache, mindestens auf C1 Niveau, Kenntnisse über asylrechtliche Terminologien und erforderliche Fachterminologien, Kenntnisse rechtlicher und medizinischer Begrifflichkeiten, Zustimmung zu rechtlich notwendigen Eignungs- und Zuverlässigkeitsprüfungen und die Bereitschaft zum Einsatz an den verschiedenen Stellen des Bundesamtes.[39]

Darüber hinaus gibt es noch allgemeine Eigenschaften, die wichtig sind für die Arbeit, dazu zählen Verschwiegenheit, Neutralität, Zuverlässigkeit und soziale Kompetenzen.[40]

Die Arbeit mit einem Sprachmittler bringt einige Herausforderungen mit sich: die Terminfindung für 3 Personen ist meist deutlich schwieriger, die Kostenübernahme für die Sprachmittler ist nicht immer geklärt und der Zeitaufwand erhöht sich durch die Vor- und Nachbereitung.[41]

Oftmals kommt es deshalb nicht zu einer Zusammenarbeit mit Sprachmittlern, sondern die Übersetzung wird von einer Kollegin oder einem Kollegen übernommen. Oft kommt es auch zu einer Übersetzung durch eine Person aus dem Umfeld der Familie, wovon eigentlich abgeraten wird.[42] Hierdurch kann es nämlich zu Konflikten innerhalb der Familie kommen, was durch die Arbeit eines Sprachmittlers vermieden werden kann.

---

[39] Bundesamt für Migration (Dezember 2017): Wir suchen Sie als Dolmetscher
URL: https://www.bamf.de/SharedDocs/Anlagen/DE/Karriere/flyer-dolmetscher.pdf?__blob=publicationFile&v=5
Letzter Zugriff: 23.03.2020.
[40] Ebd.
[41] Vgl. J. Bröse, S. Faas, B. Stauber (2018): Therapie und Beratung im Kontext Flucht und Trauma; in: Flucht – Herausforderungen in der sozialen Arbeit, S.184.
[42] L. Brandt, R. Risch, S. Lochner (2015): Zehn Jahre Migrationsberatung für erwachsene Zuwanderer (MBE). Erfolge, Wirkungen und Potenziale aus Sicht der Klienten. Forschungsbericht 25, Nürnberg: Bundesamt für Migration und Flüchtlinge, S. 309
URL: https://www.bamf.de/SharedDocs/Anlagen/DE/Forschung/Forschungsberichte/fb25-migrationsberatung.pdf?__blob=publicationFile&v=14
Letzter Zugriff: 23.03.2020.

4 Psychotraumatologie

Laut einer Befragung des Wissenschaftlichen Instituts der AOK (WIdO) vom 30.10.2018 haben mehr als 75% aller Geflüchteten aus den Ländern Syrien, Irak und Afghanistan mehrfach in unterschiedlichen Formen Gewalt erlebt und sind dadurch oft traumatisiert.[43]

Als Trauma wird „ein vitales Diskrepanzerlebnis zwischen bedrohlichen Situationsfaktoren und individuellen Bewältigungsmöglichkeiten, das mit Gefühlen von Hilflosigkeit und schutzloser Preisgabe einhergeht und so eine dauerhafte Erschütterung von Selbst- und Weltverständnis bewirkt"[44], bezeichnet.

Betroffene benötigen nach einem Trauma oftmals professionelle Hilfe. Manchmal können sie sich auch selbstständig davon erholen, das hängt von unterschiedlichen Faktoren ab. Vor allem im Kontext der Beratung von geflüchteten Kindern, Jugendlichen und Familien spielt die Bewältigung von Traumata eine enorm wichtige Rolle. Es geht um die Erforschung und Behandlung der Auswirkungen traumatischer Erlebnisse auf das Erleben und Verhalten der Menschen.

Die posttraumatischen Symptome können unterschiedlich ausfallen. Meist kommt es zu einer Übererregung in Folge der erhöhten Ausschüttung von Stresshormonen. Dies kann zu Schlafproblemen, Reizbarkeit und Konzentrationsproblemen führen. Ein weiteres Symptom sind Intrusionen, auch Trigger genannt, als Folge der Fragmentierung von Sinneseindrücken. Der traumatisierte Mensch hat immer wiederkehrende und eindringliche Erinnerungen an das Ereignis, Flashbacks oder auch belastende Träume. In Folge dessen kommt es zu einem Vermeidungsverhalten, um die Flashbacks und Erinnerungen an das Ereignis zu vermeiden.[45] Dies führt zur Beeinträchtigung, den Alltag normal zu bestreiten.

Es gibt einige Voraussetzungen, die es ermöglichen sollen, einen Zugang zu den traumatisierten Personen zu erhalten, denn viele haben aufgrund ihrer Erlebnisse das Vertrauen in die Menschen verloren. Die Umgebung in der Beratung muss das Sicherheitsgefühl der Traumatisierten bestärken. Der Berater oder die Beraterin muss die Wahrhaftigkeit des Erlebnisses annehmen und sich klar gegen Gewalt positionieren. Somit spricht er den Traumatisierten den nötigen Respekt aus. Außerdem ist die Transparenz während der Beratung sehr wichtig und der Blick sollte immer auf die Ressourcen und die Resilienz des Menschen gerichtet sein.[46]

Nicht nur für die traumatisierten Personen ist die Situation eine Herausforderung, auch die Berater*innen sind teilweise schweren Belastungen ausgesetzt, weswegen es für sie auch wichtig ist, eine gute Unterstützung zu haben.

---

[43] H. Schröder, K. Zok, F. Faulbaum (2018): Gesundheit von Geflüchteten in Deutschland – Ergebnisse einer Befragung von Schutzsuchenden aus Syrien, Irak und Afghanistan; in: Die Versicherten-Umfrage des Wissenschaftlichen Instituts der AOK; S.1 URL:
https://www.wido.de/fileadmin/Dateien/Dokumente/Publikationen_Produkte/WIdOmonitor/wido_monitor_2018_1_gesundheit_gefluechtete.pdf
Letzter Zugriff: 23.03.2020.
[44] G. Fischer, P. Riedesser (2016): Lehrbuch der Psychotraumatologie, 4. Aktualisierte und erweiterte Auflage, Ernst Reinhardt Verlag München Basel; S.84.
[45] Vgl. S. Naudiet, H. Schilling, S. Peter (2016): Kindern, Jugendlichen und Eltern eine Perspektive geben: Aspekte der Beratung von Familien im Kontext Flucht und Asyl, S. 26f.
[46] Vgl. Ebd., S.27

4.1 Methoden und Techniken

In der Traumapsychotherapie wird auch mit Methoden gearbeitet, die oftmals anders sind als die, die viele Berater*innen bereits kennen.

Vor allem die Arbeit mit Bildern, Imaginationsbilderübungen, Geschichten und Märchen kann in der Stabilisierungsphase ein wichtiges Werkzeug sein.

Das Problem bei Flüchtlingen, die Traumata richtig zu behandeln, liegt vor allem darin, dass der Heilungsprozess durch die Umstände und die schwierigen Lebensbedingungen während des Asylverfahrens sehr beeinträchtig ist.

Viele Berater*innen scheuen sich auch vor der Beratung von Personen mit Traumata, obwohl die nötigen Kompetenzen vorhanden sind. Durch eine Weiterbildung können oft Hemmungen überwunden werden. Wichtig für die Arbeit in der Psychotraumatologie sind Kenntnisse über die Grundlagen der Psychotraumatologie, was die Heilung in der Traumatherapie bedeutet und die Diagnostik im Kontext interkultureller Beratung.

„Beratung kann und soll Traumatherapie nicht ersetzen."[47] Durch Erziehungs- und Familienberatung kann es aber eine erste Unterstützung geben, beispielsweise beim Abbau von Symptomen bei einzelnen Familienmitgliedern oder auch bei der Vermittlung traumatherapeutischer Hilfen für Kinder, Jugendliche und Familien.

Gleichzeitig lässt sich aber auch sagen, dass nicht alle Menschen, die geflüchtet sind, auch traumatisiert sind oder eine Traumatherapie benötigen. Oftmals sind die Selbstheilungskräfte, Resilienzen und familiäre und soziale Bezüge stark genug, um ohne professionelle Hilfe die Erlebnisse zu verarbeiten.

4.2 Psychohygiene der Berater*innen

Die Psychohygiene umfasst alle präventiven Maßnahmen, die die seelische Gesundheit der Menschen bewahrt oder wieder herstellt. Die Arbeit mit Flüchtlingen bringt viele neue Herausforderungen mit sich, die auch für die Berater*innen belastend sein können.

Oftmals besteht die Angst, den mehrfach traumatisierten Menschen mit Fluchterfahrungen nicht gerecht werden zu können.

Zusätzlich gibt es Unsicherheiten in Bezug auf die interkulturellen Kompetenzen und Angst vor der Arbeit mit Sprachmittlern. Der Beratungsprozess ist oftmals noch sehr unsicher, denn es ist immer möglich, dass die Familie plötzlich ihren Wohnort wechseln muss, was nicht nur für die Familie eine Belastung darstellt, sondern auch für die jeweiligen Berater*innen.

Hierbei zu beachten ist jedoch, dass die meisten Methoden in der Beratung im Kontext Asyl und Flucht nicht neu sind, denn auch in den anderen Erziehungsberatungen werden oftmals Menschen mit Traumatisierungen beraten.

---

[47] Ebd., S.27

Es gibt aber einige Hilfestellungen, mit denen die Beratung im Kontext Asyl und Flucht erleichtert und den Berater*innen mehr Sicherheit in ihrer Arbeit gegeben werden kann. Hierzu gehört zum einen eine gute Teamkultur. Denn durch die Unterstützung mehrerer Mitarbeiter*innen können persönliche und fachliche Zweifel geäußert werden und das bietet Raum für Fallbesprechungen und Reflexion. Eine gute Hilfestellung bietet eventuell auch die Supervision bei Unklarheiten von bestimmten Fällen. Außerdem sollten zu Beginn der Beratung die eigene Rolle als Berater*in, aber auch die Grenzen als Berater*in klar benannt und erklärt werden. Man übernimmt als Berater*in nicht die Aufgabe des Retters, der alles kann. Man übernimmt viel mehr die Aufgabe einer seelischen Stütze und eines Wegbegleiters. Auch unrealistische Erwartungen der Ratsuchenden sollten zu Beginn geklärt werden.[48]

Zusätzlich wichtig ist das bereits erwähnte Netzwerk professioneller und ehrenamtlicher Helfer, hierbei können Treffen verschiedener Mitarbeiter zur Entlastung verhelfen.

Insgesamt lässt sich sagen, dass der Schwerpunkt der Arbeit als Berater*in auf der Stabilisierung der Klient*innen liegt, vor allem mit Blick auf die Gegenwart und Zukunft der Klient*innen.[49]

5 Zusammenfassung

Abschließend lässt sich sagen, dass der Bereich der Beratung im Kontext Asyl und Flucht ein neueres Feld ist, in dem es weiterhin noch viele Verbesserungsmöglichkeiten und auch Herausforderungen geben wird.

Die meisten Beratungsstellen verfügen bereits über das nötige fachliche Wissen zur Beratung von Flüchtlingsfamilien, trotzdem können weitere Qualifizierungen, Seminare oder Workshops hilfreich sein, um zusätzliche Kompetenzen zu erwerben und Sicherheit für die Fachkräfte zu schaffen.

Gerade Kinder, Jugendliche oder Familien, die bereits auf der Flucht oder im Herkunftsland traumatische Erlebnisse durchgemacht haben, brauchen die Unterstützung durch eine Beratungsstelle, egal für welchen Aufgabenbereich. Um als Beratungsstelle effektiv arbeiten zu können, müssen altbekannte Methoden teils umgewandelt oder auch aus dem Methodenspektrum herausgenommen werden, wenn sie im Kontext Asyl und Flucht keinen Sinn machen. Außerdem ist ein Netzwerk der verschiedenen Kooperationspartner für die Arbeit im Kontext Asyl und Flucht besonders wichtig, genauso wie die präventive Arbeit.

Auch gibt es einige weitere Besonderheiten, die zu beachten sind, doch darf auch nicht vergessen werden, dass die Berater*innen auch in der Beratung von Kindern, Jugendlichen und Familien ohne Fluchterfahrung häufig mit traumatisierten Menschen in Kontakt kommen. Das bedeutet, dass die Beratung von traumatisierten Menschen grundsätzlich keinen neuen Bereich darstellt,

---

[48] Vgl. S. Naudiet, H. Schilling, S. Peter (2016): Kindern, Jugendlichen und Eltern eine Perspektive geben: Aspekte der Beratung von Familien im Kontext Flucht und Asyl, S. 28.
[49] Ebd.

jedoch kommen im Kontext Flucht und Asyl noch weitere Herausforderungen hinzu, unter anderem die Sprachbarriere und die kulturellen Differenzen.

Dies bedarf auch von Seiten der Berater*innen einer generellen Offenheit gegenüber Neuem und dem Willen, den eigenen Horizont zu erweitern. Die Berater*innen sollten sich über ihren eigenen kulturellen und religiösen Hintergrund im Klaren sein und sich stets reflektieren, um Vorurteile zu vermeiden. Die Arbeit setzt also ein stetiges Reflektieren der eigenen Position voraus, was bedeutet, dass Berater*innen und Ratsuchende beide im Prozess an sich arbeiten müssen, um zu einem gewünschten Erfolg zu kommen.

Für die Flüchtlingsfamilien übernimmt die Beratung eine wichtige Rolle. Sie kann dazu beitragen, dass die Familien sich auf lange Sicht nicht mehr in der Rolle des Flüchtlings sehen, sondern als vollwertiges Mitglied der Gesellschaft. Die Beratung übernimmt somit eine integrative Funktion und schafft damit eine gute Perspektive für Kinder, Jugendliche und Familien.

Mit Blick auf die aktuelle Lage wird das Thema Beratung im Kontext Asyl und Flucht auch noch in den nächsten Jahren eine wichtige Rolle spielen und die Anzahl an Beratungsstellen, die sich darauf spezialisieren, sollte weiter ansteigen, um die steigenden Flüchtlingszahlen ausreichend mit Beratung betreuen zu können.

6 Literaturverzeichnis

Barmeyer, C. (2012): Interkulturalität. In: Taschenlexikon Interkulturalität; Vandenhoeck Ruprecht, Göttingen.

Brandt, L./Risch, R./Lochner, S. (2015): Zehn Jahre Migrationsberatung für erwachsene Zuwanderer (MBE). Erfolge, Wirkungen und Potenziale aus Sicht der Klienten. Forschungsbericht 25, Nürnberg: Bundesamt für Migration und Flüchtlinge, S. 309
URL:
https://www.bamf.de/SharedDocs/Anlagen/DE/Forschung/Forschungsberichte/fb25-migrationsberatung.pdf?__blob=publicationFile&v=14
Letzter Zugriff: 23.03.2020.

Bröse, J./Faas, S./Stauber, B.(2018): Flucht – Herausforderungen in der sozialen Arbeit. Springer Fachmedien Wiesbaden.

Bundesamt für Migration und Flucht (15.07.2013); Handlungsempfehlungen der Migrationsberatung für erwachsene Zuwanderer (MBE) und der Jugendmigrationsdienste (JMD) für die gemeinsame Arbeit mit Familien.

Bundesamt für Migration und Flucht (02/2014): Lassen Sie sich beraten! Beratungsangebote für Zuwanderinnen und Zuwanderer; Bonifatius GmBH, Druck-Buch-Verlag, Paderborn.

Bundesamt für Migration und Flucht (Dezember 2017): Wir suchen Sie als Dolmetscher!
URL: https://www.bamf.de/SharedDocs/Anlagen/DE/Karriere/flyer-dolmetscher.pdf?__blob=publicationFile&v=5
Letzter Zugriff: 23.03.2020.

Bundeskonferenz für Erziehungsberatung: Was ist Erziehungsberatung?
URL: https://www.bke.de
Letzter Zugriff: 19.03.2020.

Bundesweite Arbeitsgemeinschaft Psychosozialer Zentren für Flüchtlinge und Folteropfer; Täter-Opfer-Umkehr in der Reaktion auf Gewalt gegen Flüchtlinge in Clausnitz
URL: http://www.baff-zentren.org/news/taeter-opfer-umkehr-in-clausnitz/
Letzter Zugriff: 19.03.2020.

Der Hohe Flüchtlingskommissar der Vereinten Nationen (UNHCR), Amt des Vertreters in der Bundesrepublik Deutschland (Februar 2015); Artikel 1 in: Genfer Flüchtlingskonvention
URL: https://www.unhcr.org/dach/wp-content/uploads/sites/27/2017/03/GFK_Pocket_2015_RZ_final_ansicht.pdf
Letzter Zugriff: 19.03.2020.

Fischer, G./Riedesser, P.(2016): Lehrbuch der Psychotraumatologie, 4. Aktualisierte und erweiterte Auflage, Ernst Reinhardt Verlag München Basel.

Flemming, Melissa(01.03.2017): Doaa - Meine Hoffnung trug mich über das Meer: Ein außergewöhnliches Schicksal, erzählt von der langjährigen Sprecherin der UN-Flüchtlingshilfe Melissa Fleming (deutsch); Droemer Knaur GmBH&Co. KG, München.

Menne, K./Schilling, H./Peter, S. (2013): Erziehungsberatung der Zukunft; in: Informationen für Erziehungsberatungsstellen 2/13, Bundeskonferenz für Erziehungsberatung (bke), Fürth.

Naudiet, S./Schilling, H./Peter, S. (02/2016): Kindern, Jugendlichen und Eltern eine Perspektive geben: Aspekte der Beratung von Familien im Kontext Flucht und Asyl; in: Informationen für Erziehungsberatungsstellen 2/16, Bundeskonferenz für Erziehungsberatung (bke), Fürth, S. 23.

Naudiet, S./Schilling, H./Peter, S. (01/2017): Wirksamkeit für geflüchtete Kinder, Jugendliche und Eltern entfalten; in: Informationen für Erziehungsberatungsstellen, Bundeskonferenz für Erziehungsberatung (bke), Fürth.

Schondelmayer, Anne-Christin (2010); Glossar Interkulturelle Pädagogik; Berlin.
URL: https://www.ewi-psy.fu-berlin.de/einrichtungen/arbeitsbereiche/interkulturell/materialien/glossar_interk_paedag ogik/Glossar_interkulturelle_Paedagogik.pdf
Letzter Zugriff: 24.03.2020

Schröder, H./Zok, K./Faulbaum, F. (2018): Gesundheit von Geflüchteten in Deutschland – Ergebnisse einer Befragung von Schutzsuchenden aus Syrien, Irak und Afghanistan; in: Die Versicherten-Umfrage des Wissenschaftlichen Instituts der AOK; S.1 URL: https://www.wido.de/fileadmin/Dateien/Dokumente/Publikationen_Produkte/WIdOmonit or/wido_monitor_2018_1_gesundheit_gefluechtete.pdf
Letzter Zugriff: 23.03.2020.

UNO-Flüchtlingshilfe (2018), Flüchtlinge weltweit – Global Trends
URL: https://www.uno-fluechtlingshilfe.de/informieren/fluechtlingszahlen/
Letzter Zugriff: 19.03.2020.

UNO-Flüchtlingshilfe (2020), Fluchtursachen
URL: https://www.uno-fluechtlingshilfe.de/informieren/fluchtursachen/
Letzter Zugriff: 19.03.2020.

Wikipedia- Autoren (20.04.2015): Flucht und Migration über das Mittelmeer in die EU, in: Wikipedia
URL: https://de.wikipedia.org/wiki/Flucht_und_Migration_über_das_Mittelmeer_in_die_EU
Letzter Zugriff: 19.03.2020

Wikipedia-Autoren (31.08.2015): Flüchtlingskrise ab 2015; in: Wikipedia
URL: https://de.wikipedia.org/wiki/Fl%C3%BCchtlingskrise_in_Europa_ab_2015
Letzter Zugriff: 10.03.2020.